Pe. FERDINANDO MANCILIO, C.Ss.R.

DEVOCIONÁRIO
de
SÃO JOSÉ

EDITORA SANTUÁRIO

DIREÇÃO EDITORIAL:
Pe. Fábio Evaristo R. Silva, C.Ss.R.

CONSELHO EDITORIAL:
Cláudio Anselmo Santos Silva, C.Ss.R.
Ferdinando Mancilio, C.Ss.R.
Gilberto Paiva, C.Ss.R.
Victor Hugo Lapenta, C.Ss.R.

COORDENAÇÃO EDITORIAL:
Ana Lúcia de Castro Leite

COPIDESQUE:
Luana Galvão

REVISÃO:
Ana Lúcia de Castro Leite

DIAGRAMAÇÃO E CAPA:
José Antonio dos Santos Junior

ISBN: 978-65-5527-072-3

2ª impressão

Todos os direitos reservados à **EDITORA SANTUÁRIO** – 2021

Rua Pe. Claro Monteiro, 342 – 12570-000 – Aparecida-SP
Tel.: 12 3104-2000 – Televendas: 0800 016 00 04
www.editorasantuario.com.br
vendas@editorasantuario.com.br

Temas

1. Nossa Senhora e São José – 7
2. A Igreja de Cristo – 12
3. A Comunidade cristã – 17
4. A Família cristã – 22
5. Nossos Pais (vivos e falecidos) – 27
6. Os Doentes e os Idosos – 32
7. As Crianças, sorriso de Deus – 37
8. Os Jovens, alegria do Senhor – 42
9. Os Sacerdotes e as vocações – 47
10. Os Meios de Comunicação – 52

Caro devoto de São José

Este "Devocionário de São José" é uma proposta orante para você e sua Comunidade. Depois de pesquisar os vários modos de celebrar a presença de José na Igreja, optamos por proceder do seguinte modo:

→ Propomos dez temas de reflexão orante para serem rezados a cada dia.
→ Seguiu-se um modo esquemático, que é o mesmo para todos os dias, para que não fosse composto de momentos orantes curtos demais nem longos demais. Buscou-se certo equilíbrio. O esquema para cada encontro consta do seguinte:
  - Caminhando com o Senhor (abertura do momento orante com Antífonas e cântico)
  - Salmodiando a vida (Salmodia elaborada a partir do sentido da vida)
  - Escutando o Senhor (Palavra de Deus)
  - Litania de São José (Momento orante, suplicante, junto de São José)
  - Oração a São José (Oração conclusiva)
  - Bênção e envio (Encerramento e despedida)

Esperamos que lhe seja útil este pequeno "Devocionário de São José". Foi elaborado com carinho para ajudar você a rezar e se aproximar mais de Deus. Certamente, podemos encontrar tantos modos e jeitos, mas este quer ajudar você a rezar mais de modo comunitário (o que nada impede de fazê-lo individualmente).

O Senhor abençoe você e lhe conceda a paz.

1

Nossa Senhora e São José

Maria e José foram chamados por Deus como fiéis colaboradores das promessas divinas. Deus pôde assim realizar sua vontade, dando-nos seu Filho amado, Jesus Cristo. Maria e José antes de tudo nos ensinam que a vontade de Deus está sempre em primeiro lugar. O Senhor nos dê a graça de também cumprir em nossa vida a vontade divina.

1. Caminhando com o Senhor
Antífona: Aumentai, Senhor, nossa fé e nossa esperança e tornai fecundo o trabalho de nossas mãos.

D.: Em nome do Pai † e do Filho e do Espírito Santo.
– Amém.
D.: Rogai por nós, ó São José e Santa Mãe de Deus,
– para cumprirmos em nossa vida a vontade divina.
D.: São felizes os que buscam o Senhor,
– pois irão encontrá-lo.
D.: Sejam benditos Maria e José,
– que, em primeiro lugar, colocaram a vontade divina.

D.: É bela e fecunda a vida de quem responde com generosidade ao chamado do Senhor,
– como fizeram Maria e José.
D.: O Senhor nos conceda seu Espírito, e sejamos também servidores fiéis,
– tornando presente, aqui e agora, o Reino do Céu. Amém.

Cantando: Vinde, alegres cantemos, a Deus demos louvor. A um Pai exaltemos sempre com mais fervor.
São José, a vós nosso amor, sede o nosso bom protetor. Aumentai o nosso fervor.

Antífona: Felizes os que buscam sem cessar o Senhor, Deus da Vida, pois encontrarão a paz e a alegria, que não têm fim.
– Amém!

2. Salmodiando a Vida
D.: Deus da vida, Senhor do céu e da terra, sois a beleza sem-fim, a brisa leve que nos toca em cada manhã e refaz nossas forças com vosso amor.
– Grande é o Senhor, para sempre seu amor!
D.: Vós chamastes a José, chamastes a Maria e cumpristes vossos desígnios, trazendo-nos a alegria da vinda do Redentor. Qual humanidade poderá recusar tamanho amor?
Vós sois grande, Senhor, Deus da vida, Deus amor.
– Grande é o Senhor, para sempre seu amor! Amém!

Cantando: São José triunfante vai a glória gozar. E para sempre reinante no Senhor repousar.
São José, a vós nosso amor, sede o nosso bom protetor. Aumentai o nosso fervor.

3. Escutando o Senhor
"Deus amou tanto o mundo, que deu seu Filho único, para que todo aquele que nele crer não pereça, mas tenha a vida eterna" (Jo 3,16).

(Se oportuno, fazer uma pequena reflexão a partir da Palavra de Deus.)

4. Litania de São José
D.: Roguemos ao Senhor, por intercessão de São José, protetor da Igreja de Cristo, e assim sejamos beneficiados das graças e bênçãos do céu.
– São José, esposo de Maria, **intercedei por nós.**
– São José, guardião da Casa do Senhor, **intercedei por nós.**
– São José, cuidador do Filho de Deus, **intercedei por nós.**
– São José, homem justo e fiel, **intercedei por nós.**
– São José, promotor da justiça e da verdade, **intercedei por nós.**
– São José, cumpridor das promessas divinas, **intercedei por nós.**
– São José, homem contemplativo e do silêncio, **intercedei por nós.**
– São José, protetor dos pobres e sofredores, **intercedei por nós.**

– São José, protetor das crianças abandonadas, **intercedei por nós.**
– São José, protetor da juventude, **intercedei por nós.**
D.: Acolhei, Senhor Deus, nossa oração, que elevamos a vós, por intercessão de São José, e dai-nos cumprir em nossa vida vossos desígnios benevolentes, como ele o cumpriu. Por Cristo, nosso Senhor.

Cantando: Vós, esposo preclaro, amantíssimo pai, dos cristãos firme amparo, este canto aceitai.
São José, a vós nosso amor, sede o nosso bom protetor. Aumentai o nosso fervor.

– Pai nosso, que estais nos céus...
– Ave, Maria, cheia de graça...
– Glória ao Pai...

5. Oração a São José
D.: Ó bem-aventurado São José, esposo de Maria, Mãe de Cristo, vós que cumpristes os desígnios divinos que o Pai vos confiou, olhai com bondade para nós, peregrinos neste mundo, guiai nossos passos no caminho da verdade de Cristo e fazei-nos também compreender a vontade divina sobre nós. Confortai-nos nas horas de dificuldades e ajudai-nos vencer as adversidades desta vida. Vós sois nosso exemplo de perseverança e de fidelidade, de justiça e de humildade. Amém.
D.: Rogai por nós, ó São José, esposo de Maria,
– **para que sejamos dignos das promessas de Cristo. Amém.**

6. Bênção e Envio
D.: O Senhor nos inspire e nos guie no anúncio da verdade libertadora.
– Amém.
D.: Anunciemos com alegria a copiosa redenção de Cristo.
– Amém.
D.: Reinem em nosso coração a misericórdia divina e a prática do bem.
– O Senhor nos dê a força de anunciar com fervor a copiosa redenção.
D.: Maria e José nos inspirem e nos ensinem a viver a vontade divina.
– Sim, com Maria vamos contar todos os dias.
D.: O Senhor esteja perto de nós como nosso grande amigo. Esteja a nossa frente para nos proteger, esteja a nosso lado para nos guardar, esteja em nosso coração para nos fazer felizes. O Senhor nos abençoe:
– Em nome do Pai † e do Filho e do Espírito Santo. Amém.
D.: Com Maria e José, o Senhor nos guie nos caminhos da vida e na certeza de sua paz. Vamos em paz e o Senhor nos acompanhe.
– Amém! Assim seja! Amém!

Cantando: José, por um decreto de Deus, o Criador, desposastes, discreto, a Mãe do Salvador.
São José, a vós nosso amor, sede o nosso bom protetor. Aumentai o nosso fervor.

2

A Igreja de Cristo

Todos recordamos nosso Batismo e lembramos a data em que foi realizado? Você se lembra do dia de seu batismo? Nele somos inseridos no Corpo de Cristo, que é a Igreja. Ele é a Cabeça desse corpo, que somos nós, Igreja, sacramento do Reino. Ser Igreja é esforçar-se para tornar presente o Reino, a exemplo de José, que, com Maria, assumiu a paternidade adotiva de Jesus.

1. Caminhando com o Senhor
Antífona: O homem justo morará em vossa casa e em vosso Monte Santo habitará.

D.: Em nome do Pai † e do Filho e do Espírito Santo.
– Amém.
D.: Rogai por nós, ó São José e Santa Mãe de Deus,
– para cumprirmos em nossa vida a vontade divina.
D.: Bendita seja a Igreja de Cristo, sacramento do Reino,
– que nos reúne em cada dia no amor de Cristo.
D.: Deus derrama com abundância sobre nós
– sua graça e bondade

D.: e nos faz ser um Corpo bem unido,
– pois é na unidade que é possível tudo mudar.
D.: O Senhor nos ilumine para sermos uma Igreja
– viva, comprometida, transformadora, fiel. Amém.

Cantando: Vinde, alegres cantemos, a Deus demos louvor.
A um Pai exaltemos sempre com mais fervor.
São José, a vós nosso amor, sede o nosso bom protetor.
Aumentai o nosso fervor.

Antífona: Em seu Filho, o Pai nos escolheu, para sermos seus filhos adotivos e termos nele a redenção.
– Amém!

2. Salmodiando a Vida
D.: Senhor Deus, como é bom sentir-se amado por vós desde a manhã.
Vós sois a aurora de nossa vida
e sois grande; sem-fim é vossa beleza por toda a terra.
Vossa beleza é igual na gota d'água, como em todo o universo.
– Bendito seja o Senhor, que nos escolheu como seu povo.
D.: Vossa beleza está no sereno da manhã, que acaricia a flor que passou a noite solitária.
Está nas estrelas do céu, que vós conheceis pelo nome e brincais com elas, como uma criança com uma bola de cristal.
– Bendito seja o Senhor, que nos faz ser seu povo, sua Igreja.

Cantando: São José triunfante vai a glória gozar. E para sempre reinante no Senhor repousar.
São José, a vós nosso amor, sede o nosso bom protetor. Aumentai o nosso fervor.

3. Escutando o Senhor
"Ide, pois, pelo mundo inteiro, fazei discípulos em todas as nações e batizai-as em nome do Pai, do Filho e do Espírito Santo" (Mt 28,19).

(Se oportuno, fazer uma pequena reflexão a partir da Palavra de Deus.)

4. Litania de São José
D.: Com toda a Igreja de Cristo, elevemos aos céus, por intercessão de São José, nossa prece de louvor e de súplica.
– São José, esposo de Maria, **intercedei por nós.**
– São José, homem do silêncio, **intercedei por nós.**
– São José, protetor da Igreja, **intercedei por nós.**
– São José, protetor das Comunidades, **intercedei por nós.**
– São José, protetor da vida, **intercedei por nós.**
– São José, protetor dos justos e humildes, **intercedei por nós.**
– São José, protetor dos Ministros da Igreja, **intercedei por nós.**
– São José, protetor das Famílias, **intercedei por nós.**
– São José, protetor das Crianças, **intercedei por nós.**
– São José, protetor da Juventude, **intercedei por nós.**
D.: Sede bendito, ó Pai, pois, no cumprimento de vossos desígnios, vós nos alegrais com vossos feitos e nos dais a graça da paz e da salvação. Por Cristo, nosso Senhor.

Cantando: Vós, esposo preclaro, amantíssimo pai, dos cristãos firme amparo, este canto aceitai.
São José, a vós nosso amor, sede o nosso bom protetor. Aumentai o nosso fervor.

– Pai nosso, que estais nos céus...
– Ave, Maria, cheia de graça...
– Glória ao Pai...

5. Oração a São José
D.: Ó bem-aventurado São José, vós nos motivais a viver nossa fé em Cristo, do qual vós cuidastes com tanto desvelo. Fazei multiplicar nossas atitudes cristãs, que vão ao encontro dos necessitados e flagelados pela estrutura injusta de nossa sociedade. Fazei frutificar em boas obras o empenho de nossa Comunidade no acolhimento das pessoas e na prática da caridade. Sabemos que, mesmo querendo, não podemos tudo resolver. Mas ficarmos parados é pior do que fazer um pouco. Ensinai-nos a andar no caminho de Cristo. Amém.
D.: Rogai por nós, ó São José, esposo de Maria,
– para que sejamos dignos das promessas de Cristo. Amém.

6. Bênção e Envio
D.: O Senhor é nossa força e nossa paz.
– Amém.
D.: Guiados por sua luz, somos uma Igreja viva.
– Amém.

D.: Reine em nosso coração o desejo de servir sempre.
– A luz de Cristo nos ilumine na ação cristã.
D.: Maria e José fortaleçam nossa fé e nossa esperança
– e nos ajudem a vencer as adversidades.
D.: O Senhor esteja perto de nós como nosso grande amigo. Esteja a nossa frente para nos proteger, esteja a nosso lado para nos guardar, esteja em nosso coração para nos fazer felizes. O Senhor nos abençoe:
– Em nome do Pai † e do Filho e do Espírito Santo. Amém.
D.: Com Maria e José, o Senhor nos guie nos caminhos da vida e na certeza de sua paz. Vamos em paz e o Senhor nos acompanhe.
– Amém! Assim seja! Amém!

Cantando: José, por um decreto de Deus, o Criador, desposastes, discreto, a Mãe do Salvador.
São José, a vós nosso amor, sede o nosso bom protetor. Aumentai o nosso fervor.

3

A Comunidade cristã

É exigente definir o que é uma Comunidade cristã, pois nela está toda a Igreja de Cristo; e essa riqueza, diante de nossos olhos e ao alcance de nossas mãos, não é possível delimitar simplesmente por uma definição. A Igreja é sacramento do Reino, e o mesmo sentido está na Comunidade cristã, que se reúne em Cristo. Não é o número de pessoas que se conta, mas sim a sintonia na mesma fé e na verdade de Cristo.

1. Caminhando com o Senhor
Antífona: Toda a vossa criatura vos sirva, ó Senhor, pois mandastes, e o universo foi criado.

D.: Em nome do Pai † e do Filho e do Espírito Santo.
– Amém.
D.: Rogai por nós, ó São José e Santa Mãe de Deus,
– para cumprirmos em nossa vida a vontade divina.
D.: São felizes os que fazem de sua vida uma oferta de amor.
– Assim fizeram Maria e José.

D.: Assim podemos ser e fazer,
– se acolhermos a vontade divina.
D.: Deus conta conosco para realizar seu plano de amor
– e espera nossa resposta resoluta e fiel.
D.: Assim, unidos pelo Evangelho, na fraternidade e na solidariedade,
– seremos a Comunidade bem do jeito do Senhor. Amém.

Cantando: Vinde, alegres cantemos, a Deus demos louvor.
A um Pai exaltemos sempre com mais fervor.
São José, a vós nosso amor, sede o nosso bom protetor.
Aumentai o nosso fervor.

Antífona: Se me amardes, guardareis meus mandamentos e sereis felizes agora e sempre.
– Amém!

2. Salmodiando a Vida

D.: Senhor, como podeis vos lembrardes de nós?
Vós afagais o trigo dourado e a erva do campo,
contemplais o que vós criastes, a lua e as estrelas
e ainda vos lembrais de nós, pobres criaturas?
– Só um Deus, que ama, pode agir fazer!
D.: Meu coração anda inquieto, Senhor,
Pois, ao reconhecer vosso amor, o que poderei fazer?
Muito pouco ou nada, mas vós nos ensinais a vos deixar amar e aprender a vos servir no amor.
– Nós vos bendizemos, Senhor, por vosso amor sem-fim. Amém.

Cantando: São José triunfante vai a glória gozar. E para sempre reinante no Senhor repousar.
São José, a vós nosso amor, sede o nosso bom protetor. Aumentai o nosso fervor.

3. Escutando o Senhor
"Tende em vós o mesmo sentimento de Cristo Jesus... Ele esvaziou-se a si mesmo e assumiu a condição de servo... humilhou-se e foi obediente até a morte, e morte de cruz!" (Fl 2,5-8).

(Se oportuno, fazer uma pequena reflexão a partir da Palavra de Deus.)

4. Litania de São José
D.: Senhor, vós sabeis que precisamos de vosso auxílio, por isso a vós elevamos nossa súplica orante, por intercessão de São José, e contamos com vossa graça.
– São José, escolhido do Senhor, **intercedei por nós.**
– São José, homem justo e fiel, **intercedei por nós.**
– São José, de Deus sois servidor, **intercedei por nós.**
– São José, dos pobres sois defensor, **intercedei por nós.**
– São José, dos humildes sois promotor, **intercedei por nós.**
– São José, da Igreja sois protetor, **intercedei por nós.**
– São José, das famílias sois guardador, **intercedei por nós.**
– São José, da vida sois patrono, **intercedei por nós.**
– São José, das crianças sois amado, **intercedei por nós.**
– São José, dos jovens sois modelo, **intercedei por nós.**

D.: Ó Pai Santo, vós que conheceis nossa fidelidade e nosso desejo de progredir no compromisso de vosso Reino, vivendo na Comunidade, fazei-nos viver continuamente os valores do Evangelho. Por Cristo, nosso Senhor.

Cantando: Vós, esposo preclaro, amantíssimo pai, dos cristãos firme amparo, este canto aceitai.
São José, a vós nosso amor, sede o nosso bom protetor. Aumentai o nosso fervor.

– Pai nosso, que estais nos céus...
– Ave, Maria, cheia de graça...
– Glória ao Pai...

5. Oração a São José
D.: Ó bem-aventurado São José, vós que vivestes tão fielmente a Deus e a Maria, pois escutastes e acolhestes os desígnios do Senhor, ajudai-nos também a cumprir, de modo digno, o que o Senhor espera de nós. Iluminai nossa Comunidade, para que ela, olhando vosso testemunho, também se coloque inteiramente a serviço do Reino do Céu. Junto de Maria, a quem acolhestes fielmente, pedi ao Pai de misericórdia por nossa Comunidade e tornai-a aberta, acolhedora e servidora sempre. Amém.
D.: Rogai por nós, ó São José, esposo de Maria,
– **para que sejamos dignos das promessas de Cristo. Amém.**

6. Bênção e Envio

D.: O Senhor nos confirme na fé, na paz e na esperança.
– Amém.
D.: A força da misericórdia divina nos fortaleça na ação cristã.
– Amém.
D.: Reinem, em nossa Comunidade, a união, a esperança, a solidariedade e os valores do Evangelho.
– Nós vos agradecemos, Senhor, porque somos Igreja e vivemos em uma Comunidade.
D.: Maria e José, ajudai-nos a viver de modo digno em nossa Comunidade, sempre comprometidos com ela.
– Contamos com a graça de Deus, com a ajuda de Maria e José, para que isso se realize.
D.: O Senhor esteja perto de nós como nosso grande amigo. Esteja a nossa frente para nos proteger, esteja ao nosso lado para nos guardar, esteja em nosso coração para nos fazer felizes. O Senhor nos abençoe:
– Em nome do Pai † e do Filho e do Espírito Santo. Amém.
D.: Com Maria e José, o Senhor nos guie nos caminhos da vida e na certeza de sua paz. Vamos em paz e o Senhor nos acompanhe.
– Amém! Assim seja! Amém!

Cantando: José, por um decreto de Deus, o Criador, desposastes, discreto, a Mãe do Salvador.
São José, a vós nosso amor, sede o nosso bom protetor. Aumentai o nosso fervor.

4

A Família cristã

A Família é de instituição divina. Não é invenção humana. Por isso ninguém tem o direito de intervir no que foi instituído por Deus. Jesus fez dos discípulos seus familiares, sua família, pois esteve com eles e partilhou sua vida, seu ensinamento. Os discípulos, por sua vez, corresponderam a seu convite e missão. Ser Família é muito importante para o ser humano, e ela é de Deus.

1. Caminhando com o Senhor
Antífona: Vinde a mim, vós todos que sofreis e estais curvados sob vossos fardos, e eu vos aliviarei.

D.: Em nome do Pai † e do Filho e do Espírito Santo.
– Amém.
D.: Rogai por nós, ó São José e Santa Mãe de Deus,
– para cumprirmos em nossa vida a vontade divina.
D.: Vivamos, com alegria, o dom de nossa família, que veio de Deus.
– O Senhor apenas deseja nosso bem e nossa paz.
D.: Feliz quem não se esqueceu de viver sua fé, fazendo da família

– um lugar de oração, de comunhão,
D.: e todos vão sentir como é belo se unir para rezar,
– para conviver e se amar.
D.: O Senhor nos conceda a graça de fazer de nossa casa, de nossa família
– um lugar de encontro, de alegria, um pedacinho do céu. Amém.

Cantando: Vinde, alegres cantemos, a Deus demos louvor.
A um Pai exaltemos sempre com mais fervor.
São José, a vós nosso amor, sede o nosso bom protetor.
Aumentai o nosso fervor.

Antífona: Quem poderá nos separar do amor de Deus? Se confiamos no Senhor, nada pode nos vencer, somente o amor.
– Amém!

2. Salmodiando a Vida
D.: Senhor, de que vale a vida se vivermos na indiferença? De que valeu a atitude daqueles sacerdotes que passaram bem distante do pobre homem caído à beira da estrada? Fazei-me a atitude nobre do bom samaritano!
– Sejam benditos, os misericordiosos e compassivos!
D.: De minha família quero me aproximar ainda mais
e tornar-me compaixão, ternura e mais humano.
Quero ter a atitude do amor que inebria e faz
de novo alcançar a vida.
– Minha família, uma bênção, minha paz. Amém!

Cantando: São José triunfante vai a glória gozar. E para sempre reinante no Senhor repousar.
São José, a vós nosso amor, sede o nosso bom protetor. Aumentai o nosso fervor.

3. Escutando o Senhor
"Houve uma festa de casamento em Caná da Galileia e a mãe de Jesus estava lá... A mãe de Jesus lhe disse: 'Eles não têm mais vinho...' Sua mãe disse aos serventes: 'Fazei tudo o que ele vos disser'" (Jo 2,1-5).

(Se oportuno, fazer uma pequena reflexão a partir da Palavra de Deus.)

4. Litania de São José
D.: Elevemos aos céus, ao coração do Pai nossa súplica, por intercessão de São José, patrono das Famílias.
– São José, que vivestes em Nazaré, **intercedei por nós.**
– São José, esposo da Virgem Maria, **intercedei por nós.**
– São José, protetor das Famílias, **intercedei por nós.**
– São José, amigo dos humildes, **intercedei por nós.**
– São José, amado de Deus, **intercedei por nós.**
– São José, promotor da vida, **intercedei por nós.**
– São José, promotor da paz, **intercedei por nós.**
– São José, promotor da união, **intercedei por nós.**
– São José, cuidador das crianças, **intercedei por nós.**
– São José, cuidador dos jovens, **intercedei por nós.**
D.: Acolhei, Senhor Deus, nosso canto, nossa súplica, nosso louvor, pois a vós recorremos confiantes e com amor. Precisamos de vosso auxílio. Por Cristo, nosso Senhor.

Cantando: Vós, esposo preclaro, amantíssimo pai, dos cristãos firme amparo, este canto aceitai.
São José, a vós nosso amor, sede o nosso bom protetor. Aumentai o nosso fervor.

– Pai nosso, que estais nos céus...
– Ave, Maria, cheia de graça...
– Glória ao Pai...

5. Oração a São José
D.: Ó bem-aventurado São José, depois que conhecestes que a vontade do Pai era que seu Filho Jesus nascesse em uma família, jamais duvidastes de que fostes o escolhido do Senhor, aquele a quem foi confiado todos os cuidados de sua casa. Assumistes tão nobre e tão grande missão, com galhardia, humildade, sinceridade e fidelidade. Ajudai-nos a ser um pouco de tudo que fostes para a realização das promessas divinas. Amém.
D.: Rogai por nós, ó São José, esposo de Maria,
– para que sejamos dignos das promessas de Cristo. Amém.

6. Bênção e Envio
D.: O Senhor reine em nossa casa e em nosso coração.
– Amém.
D.: Seja nossa família um Santuário divino, um pedacinho do céu.
– Amém.
D.: Ajudai-nos, Senhor, a viver a união em nossa família e, assim, sermos muito felizes.

– **A luz de Cristo, de seu Evangelho, vai nos iluminar, vai nos guiar.**
D.: Maria e José, fazei que nossa família seja cheia de Deus e de seu amor realizador.
– **Se Deus mora em nossa casa, não há como não sermos felizes.**
D.: O Senhor esteja perto de nós como nosso grande amigo. Esteja a nossa frente para nos proteger, esteja a nosso lado para nos guardar, esteja em nosso coração para nos fazer felizes. O Senhor nos abençoe:
– **Em nome do Pai † e do Filho e do Espírito Santo. Amém.**
D.: Com Maria e José, o Senhor nos guie nos caminhos da vida e na certeza de sua paz. Vamos em paz e o Senhor nos acompanhe.
– **Amém! Assim seja! Amém!**

Cantando: José, por um decreto de Deus, o Criador, desposastes, discreto, a Mãe do Salvador.
São José, a vós nosso amor, sede o nosso bom protetor. Aumentai o nosso fervor.

5

Nossos Pais (vivos e falecidos)

A paternidade é participação na obra da criação de Deus, pois só Ele pode dar a vida. Somos instrumentos dele, ou seja, por meio de nossos pais, Deus manifesta seu amor e sua alegria, que é a vida em seus filhos e suas filhas. São José é modelo de pai e de cuidador da família. É exemplo a ser seguido. Também se põe ao lado de nossos pais, na alegria ou nas dificuldades.

1. Caminhando com o Senhor
Antífona: Bendito seja o Senhor Deus de Israel, que fez surgir um poderoso Salvador na casa de Davi, seu servidor.

D.: Em nome do Pai † e do Filho e do Espírito Santo.
– Amém.
D.: Rogai por nós, ó São José e Santa Mãe de Deus,
– para cumprirmos em nossa vida a vontade divina.
D.: Deus amou nossos pais
– desde sempre e para sempre.
D.: Eles são como o sol da manhã, pois seu amor vai se expandindo
– até transbordar e nos alcançar a todos.

D.: O próprio Filho de Deus teve seu pai adotivo,
– foi José, esposo de Maria, escolhido por Deus.
D.: Nós vos agradecemos, ó Pai de misericórdia,
– o dom de nossos pais, junto de nós ou junto de vós, no céu. Amém.

Cantando: Vinde, alegres cantemos, a Deus demos louvor.
A um Pai exaltemos sempre com mais fervor.
São José, a vós nosso amor, sede o nosso bom protetor.
Aumentai o nosso fervor.

Antífona: A estrela d'alva já brilha, já nova aurora reluz; o sol nascente vem vindo e banha o mundo de luz.
– Amém!

2. Salmodiando a Vida
D.: Senhor Deus, que nos amais,
nós vos agradecemos nossos pais,
pois são vossos dons bem junto de nós.
Quando a hora é amarga e difícil,
não há pai que não se põe ao lado de seus filhos e suas filhas.
– Eles nos amam e precisam ser amados e respeitados!
D.: São bons samaritanos, que não apenas nos socorrem, como também nos educam nas coisas da vida e nos sentimentos divinos.
A palavra de um pai deve ser sempre escutada,
jamais abandonada, pois sempre é para nosso bem.
– O amor só pode mesmo nos ajudar, assim são nossos pais. Amém.

Cantando: São José triunfante vai a glória gozar. E para sempre reinante no Senhor repousar.
São José, a vós nosso amor, sede o nosso bom protetor. Aumentai o nosso fervor.

3. Escutando o Senhor
"Filhos, obedecei a vossos pais, no Senhor, pois isto é justo. Honra teu pai e tua mãe. Vós, pais, não deis a vossos filhos motivo de revolta contra vós, mas criai-os na disciplina e correção do Senhor" (Ef 6,1-4).

(Se oportuno, fazer uma pequena reflexão a partir da Palavra de Deus.)

4. Litania de São José
D.: A vós, Senhor, elevamos o coração em prece, pois de vós nos vêm o auxílio e a proteção.
– São José, pai e esposo fiel, **intercedei por nós.**
– São José, dos pais protetor, **intercedei por nós.**
– São José, modelo e guia, **intercedei por nós.**
– São José, fortaleza e esperança, **intercedei por nós.**
– São José, educador na fé, **intercedei por nós.**
– São José, inspirador na caridade, **intercedei por nós.**
– São José, generoso e fiel, **intercedei por nós.**
– São José, dos humildes defensor, **intercedei por nós.**
– São José, das crianças guardador, **intercedei por nós.**
– São José, dos jovens educador, **intercedei por nós.**
D.: Sede-nos propício, ó Senhor, e concedei a nossos pais da terra e àqueles que estão no céu vossa misericórdia e a paz. Isso vos pedimos, por Cristo, nosso Senhor.

Cantando: Vós, esposo preclaro, amantíssimo pai, dos cristãos firme amparo, este canto aceitai.
São José, a vós nosso amor, sede o nosso bom protetor. Aumentai o nosso fervor.

– Pai nosso, que estais nos céus...
– Ave, Maria, cheia de graça...
– Glória ao Pai...

5. Oração a São José
D.: Ó bem-aventurado São José, olhai com amor paterno para nossos pais e pedi ao Senhor por eles. Vós, que fostes escolhido para ser o pai adotivo de Jesus, estais bem perto do Senhor e podeis interceder por nossos pais, que tanto precisam da proteção divina. Inspirai os pais na luta da vida, no sustento do lar e na educação dos filhos e assim possam todos lá em casa sentirem-se unidos e valorizados. São José, vós que fostes exemplo e modelo de humildade e fidelidade, ajudai-nos a andar no caminho de Jesus. Amém.
D.: Rogai por nós, ó São José, esposo de Maria,
– para que sejamos dignos das promessas de Cristo. Amém.

6. Bênção e Envio
D.: O Senhor nos guarde e nos abençoe.
– Amém.
D.: Fortaleça a vida e a missão de nossos pais.
– Amém.

D.: Reinem entre nós a paz e a concórdia.
– A graça divina esteja no coração de nossa família.
D.: Maria e José nos ajudem a ser Família cristã.
– Senhor, em nossa casa, vós tendes vosso lugar. Ficai conosco.
D.: O Senhor esteja perto de nós como nosso grande amigo. Esteja a nossa frente para nos proteger, esteja a nosso lado para nos guardar, esteja em nosso coração para nos fazer felizes. O Senhor nos abençoe:
– Em nome do Pai † e do Filho e do Espírito Santo. Amém.
D.: Com Maria e José, o Senhor nos guie nos caminhos da vida e na certeza de sua paz. Vamos em paz e o Senhor nos acompanhe.
– Amém! Assim seja! Amém!

Cantando: José, por um decreto de Deus, o Criador, desposastes, discreto, a Mãe do Salvador.
São José, a vós nosso amor, sede o nosso bom protetor. Aumentai o nosso fervor.

6

Os Doentes e os Idosos

Todos estamos sujeitos à fragilidade, enquanto aqui vivemos. Ela pode vir de vários modos, e devemos estar conscientes dessa realidade humana. Porém o que não pode estar aquém é a certeza de que Deus está junto de nós, concedendo-nos seu amor, sua misericórdia. Essa confiança teve José, quando fugiu para o Egito, levando o Menino Deus e Nossa Senhora. Sua confiança no Senhor sobrepôs-se a todo mal que se pretendia ao Menino Deus, a partir de Herodes.

1. Caminhando com o Senhor
Antífona: São José, do céu a glória, esperança verdadeira, que reluz, em nossa vida, proteção de todo o mundo.

D.: Em nome do Pai † e do Filho e do Espírito Santo.
– **Amém.**
D.: Rogai por nós, ó São José e Santa Mãe de Deus,
– **para cumprirmos em nossa vida a vontade divina.**
D.: Nada nos traz mais alegria
– **do que estar na presença de Deus cada dia.**

D.: Deus é a plenitude de nossa vida,
– e tudo o que vive a Ele bendiz.
D.: Seja qual for nossa realidade, mesmo exigente,
– não vamos perder a confiança,
D.: pois é certo que o Senhor sempre ampara
– a quem se coloca confiante diante dele. Amém.

Cantando: Vinde, alegres cantemos, a Deus demos louvor.
A um Pai exaltemos sempre com mais fervor.
São José, a vós nosso amor, sede o nosso bom protetor.
Aumentai o nosso fervor.

Antífona: José levantou-se de noite, tomou o Menino e sua Mãe e fugiu para a terra do Egito; e lá ficou até a morte de Herodes.
– Amém!

2. Salmodiando a Vida

D.: Deus de bondade, Sol de justiça,
quanto amor vós nos dais,
nas horas amargas, nas horas difíceis.
– É grande o Senhor, consolador seu amor!
D.: Vós chamastes a José e lhe destes a luz para compreender que é possível realizar o que vós desejais, para nosso bem, se formos colaboradores de vossa fiel decisão, se morardes em nosso coração.
– Não nos falte, Senhor, a coragem de abraçar a vida, como vosso dom. Amém.

Cantando: São José triunfante vai a glória gozar. E para sempre reinante no Senhor repousar.
São José, a vós nosso amor, sede o nosso bom protetor. Aumentai o nosso fervor.

3. Escutando o Senhor
"Não tenhas medo, pois estou contigo, não te angusties, pois eu sou teu Deus, eu te fortaleço e te ajudo, eu te sustento com minha mão direita vitoriosa" (Is 41,10).

(Se oportuno, fazer uma pequena reflexão a partir da Palavra de Deus.)

4. Litania de São José
D.: A vós, Deus todo-poderoso, junto de José, a quem destes a guarda de vossa casa, suplicamos confiantes.
– São José, esposo de Maria, **intercedei por nós.**
– São José, homem da paz, **intercedei por nós.**
– São José, santo e humilde, **intercedei por nós.**
– São José, escolhido do Senhor, **intercedei por nós.**
– São José, fortaleza dos idosos, **intercedei por nós.**
– São José, apoio dos doentes, **intercedei por nós.**
– São José, amigo dos sofredores, **intercedei por nós.**
– São José, servidor sempre fiel, **intercedei por nós.**
– São José, guardador das crianças, **intercedei por nós.**
– São José, protetor da juventude, **intercedei por nós.**
D.: Confiantes em vossa misericórdia, Senhor, Deus e Pai, esperamos alcançar, por intercessão de São José, vosso beneplácito e vossa misericórdia. Por Cristo, nosso Senhor.

Cantando: Vós, esposo preclaro, amantíssimo pai, dos cristãos firme amparo, este canto aceitai.
São José, a vós nosso amor, sede o nosso bom protetor. Aumentai o nosso fervor.

– Pai nosso, que estais nos céus...
– Ave, Maria, cheia de graça...
– Glória ao Pai...

5. Oração a São José
D.: Ó bem-aventurado São José, vós que vivestes intensamente o desígnio divino, pondo-se ao lado de Maria no cuidado de Jesus, olhai com amor misericordioso para os sofredores, para os doentes, para os idosos que estão abandonados. Por vossa intercessão, ó São José, temos confiança de superar as dificuldades e cumprir a vontade divina em nossa vida e alcançar do Pai do Céu o que precisamos para o agora de nossa vida. Amém.
D.: Rogai por nós, ó São José, esposo de Maria,
– para que sejamos dignos das promessas de Cristo. Amém.

6. Bênção e Envio
D.: Senhor, guiai nossa vida no caminho de vosso Reino.
– Amém.
D.: Fortalecei-nos na esperança e na paz.
– Amém.
D.: Guiai nossos passos no Evangelho de vosso Filho.
– E possamos viver dignamente a fé em vós!

D.: Maria e José nos ajudem a cumprir a vontade divina.
– Venha a nós, Senhor, vosso Reino!
D.: O Senhor esteja perto de nós como nosso grande amigo. Esteja a nossa frente para nos proteger, esteja a nosso lado para nos guardar, esteja em nosso coração para nos fazer felizes. O Senhor nos abençoe:
– Em nome do Pai † e do Filho e do Espírito Santo. Amém.
D.: Com Maria e José, o Senhor nos guie nos caminhos da vida e na certeza de sua paz. Vamos em paz e o Senhor nos acompanhe.
– Amém! Assim seja! Amém!

Cantando: José, por um decreto de Deus, o Criador, desposastes, discreto, a Mãe do Salvador.
São José, a vós nosso amor, sede o nosso bom protetor. Aumentai o nosso fervor.

As Crianças, sorriso de Deus

As crianças foram observadas com amor por Jesus, a ponto de chamar a atenção dos discípulos, por não quererem que elas ficassem perto dele. A reação de Jesus é muito forte e, para aquele momento, era algo extremamente novo, revolucionário, pois as crianças eram desprezadas. Bem sabemos o quanto hoje se tem atenção para com as crianças. E mesmo assim ainda continuam a sofrer nas mãos dos maldosos. Amemos as crianças e as respeitemos.

1. Caminhando com o Senhor
Antífona: Dos lábios dos inocentes sobe aos céus o mais perfeito louvor ao Senhor.

D.: Em nome do Pai † e do Filho e do Espírito Santo.
– Amém.
D.: Rogai por nós, ó São José e Santa Mãe de Deus,
– para cumprirmos em nossa vida a vontade divina.
D.: Santos e humildes, pequenos e frágeis,
– vinde louvar e bendizer o Senhor.
D.: São de Deus os simples e humildes,
– pois sabem amar e servir.

D.: Felizes são os que colocam Deus em primeiro lugar,
– como Maria e José, como as crianças inocentes
D.: e os defensores da vida e promotores da justiça,
– pois tornam vivo e presente o Reino de Cristo. Amém.

Cantando: Vinde, alegres cantemos, a Deus demos louvor. A um Pai exaltemos sempre com mais fervor.
São José, a vós nosso amor, sede o nosso bom protetor. Aumentai o nosso fervor.

Antífona: Sejam benditas as crianças e aqueles que as respeitam e as promovem, que defendem a vida e a dignidade dos pequenos, dos vulneráveis, dos indefesos.
– Amém!

2. Salmodiando a Vida

D.: Graças vos damos, Senhor,
por homens e mulheres, por José e Maria de ontem,
por Marias e Josés de hoje, que se entregam
a favor da vida, da justiça
– e nada receiam, pois vivem o Evangelho.
D.: Que bom seria, Senhor, se o mundo fosse inundado pelo sorriso das crianças, pela alegria dos jovens e pela experiência dos que já experimentaram o maior sabor da vida.
Guiai nossos passos para que isso se realize,
– pois é vosso desejo e é nosso sonho.

Cantando: São José triunfante vai a glória gozar. E para sempre reinante no Senhor repousar.

São José, a vós nosso amor, sede o nosso bom protetor. Aumentai o nosso fervor.

3. Escutando o Senhor

"Traziam-lhe crianças para que as tocasse, mas os discípulos as repreendiam. Vendo isso, Jesus ficou indignado e disse: 'Deixai as crianças virem a mim. Não as impeçais, pois delas é o Reino de Deus'" (Mc 10,13-14).

(Se oportuno, fazer uma pequena reflexão a partir da Palavra de Deus.)

4. Litania de São José

D.: Neste momento sublime, elevemos nossa prece ao céu, na certeza de que o Senhor, nosso Deus, vai acolhê-la.
– São José, esposo fiel de Maria, **intercedei por nós.**
– São José, fiel servidor do Senhor, **intercedei por nós.**
– São José, protegei a Igreja de Cristo, **intercedei por nós.**
– São José, fortalecei nossa esperança, **intercedei por nós.**
– São José, iluminai a vida dos cristãos, **intercedei por nós.**
– São José, defendei os humilhados, **intercedei por nós.**
– São José, educai-nos no amor, **intercedei por nós.**
– São José, guardai nossas famílias, **intercedei por nós.**
– São José, protegei as crianças, **intercedei por nós.**
– São José, guardai a juventude, **intercedei por nós.**

D.: Como é suave vosso convite, Senhor nosso Deus, para vos seguir fielmente. A exemplo de São José, inspirai nossas atitudes, para vos servir com alegria. Por Cristo, nosso Senhor.

Cantando: Vós, esposo preclaro, amantíssimo pai, dos cristãos firme amparo, este canto aceitai.
São José, a vós nosso amor, sede o nosso bom protetor. Aumentai o nosso fervor.

– Pai nosso, que estais nos céus...
– Ave, Maria, cheia de graça...
– Glória ao Pai...

5. Oração a São José
D.: Ó bem-aventurado São José, vós que fostes justo e fiel, inspirai também nossas atitudes de acordo com os valores do Evangelho e fazei-nos progredir em cada dia na verdade de Cristo. Vós que também fostes o homem do silêncio, ajudai-nos a buscar o que é mais essencial para nossa vida, no meio do mundo barulhento de ideias em que vivemos. Fortalecei-nos na procura constante da verdade de Cristo e dai-nos a graça de cumprir fielmente sua vontade, como a cumpristes. Amém.
D.: Rogai por nós, ó São José, esposo de Maria,
– para que sejamos dignos das promessas de Cristo. Amém.

6. Bênção e Envio
D.: Senhor Deus, olhai vosso povo com misericórdia.
– Amém.
D.: Fortalecei a ação dos que cuidam da vida das crianças.
– Amém.
D.: Dai-nos a coragem de não permitir nenhuma agressão aos inocentes.

– Fazei, Senhor, que a vida seja amada e respeitada sempre.
D.: Maria e José, vós que cuidastes do Menino Deus com tanto amor,
– cuidai das crianças e defendei-as de todos os perigos.
D.: O Senhor esteja perto de nós como nosso grande amigo. Esteja a nossa frente para nos proteger, esteja a nosso lado para nos guardar, esteja em nosso coração para nos fazer felizes. O Senhor nos abençoe:
– Em nome do Pai † e do Filho e do Espírito Santo. Amém.
D.: Com Maria e José, o Senhor nos guie nos caminhos da vida e na certeza de sua paz. Vamos em paz e o Senhor nos acompanhe.
– Amém! Assim seja! Amém!

Cantando: José, por um decreto de Deus, o Criador, desposastes, discreto, a Mãe do Salvador.
São José, a vós nosso amor, sede o nosso bom protetor. Aumentai o nosso fervor.

8

Os Jovens, alegria do Senhor

Há juventudes entre nós, e todas elas são períodos importantes e carregam junto de si o futuro. Nelas se definem por qual ou quais caminhos o jovem vai se lançar, para alcançar sua realização. É preciso, porém, que Deus tome parte nesse processo da vida, para que as juventudes tenham o vigor da vida, mas também o vigor divino. No Jovem de Nazaré, a Juventude encontra seu Amigo, sua força e seu modelo de vida.

1. Caminhando com o Senhor
Antífona: Mostrai, Senhor, ao coração da Juventude que a medida do amor é o amor sem medida.

D.: Em nome do Pai † e do Filho e do Espírito Santo.
– **Amém.**
D.: Rogai por nós, ó São José e Santa Mãe de Deus,
– **para cumprirmos em nossa vida a vontade divina.**
D.: Felizes serão os que buscam o caminho do Senhor,
– **que nos dá a vida e a abundância da paz.**
D.: Foi Deus quem nos amou por primeiro
– **e nos escolheu como seus filhos e suas filhas.**

D.: Bendita seja a Juventude que não tem medo da vida,
– **mas que tem Deus sempre em conta.**
D.: O Senhor seja a luz que guia em cada dia a Juventude,
– **e ela se realize e sinta na vida o vigor de Deus. Amém.**

Cantando: Vinde, alegres cantemos, a Deus demos louvor.
A um Pai exaltemos sempre com mais fervor.
**São José, a vós nosso amor, sede o nosso bom protetor.
Aumentai o nosso fervor.**

Antífona: Onde reinam o amor, a concórdia, a justiça e a paz, Deus aí está.
– **Amém!**

2. Salmodiando a Vida

D.: Batei forte, coração jovem, disposto a amar.
Jovens de todo o universo, louvai ao Senhor,
bendigam ao Jovem de Nazaré, o verdadeiro Jovem,
pleno de ideal, cheio de amor ao Pai,
– **libertador dos oprimidos e excluídos até mesmo na Igreja!**
D.: Sejam fortes na esperança,
ó jovens que desejais ter o mesmo ideal do Evangelho.
Louvai, ó jovens, o Jovem incansável em buscar a ovelha perdida até encontrá-la e trazê-la bem junto dos seus.
– **Louvai, ó jovens, o Jovem de Nazaré, o Amigo eternamente fiel!**

Cantando: São José triunfante vai a glória gozar. E para sempre reinante no Senhor repousar.

São José, a vós nosso amor, sede o nosso bom protetor. Aumentai o nosso fervor.

3. Escutando o Senhor
"Jovens, levai à plenitude minha alegria, pondo-vos de acordo no mesmo sentimento, no mesmo amor, em uma só alma, em um só pensamento, nada fazendo por competição ou vanglória... Tende o mesmo sentimento de Cristo Jesus" (Fl 2,2-5).

(Se oportuno, fazer uma pequena reflexão a partir da Palavra de Deus.)

4. Litania de São José
D.: Na certeza do amor do Senhor por nós, pelos jovens, por intercessão de São José, elevemos ao Pai nosso clamor.
– São José, esposo de Maria, **intercedei por nós.**
– São José, guardador das famílias, **intercedei por nós.**
– São José, patrono da Igreja, **intercedei por nós.**
– São José, cuidador da Juventude, **intercedei por nós.**
– São José, inspirai a Juventude, **intercedei por nós.**
– São José, acompanhai a Juventude, **intercedei por nós.**
– São José, protegei a Juventude, **intercedei por nós.**
– São José, homem do silêncio, **intercedei por nós.**
– São José, colaborador do Reino, **intercedei por nós.**
– São José, fortaleza dos humildes, **intercedei por nós.**
D.: Acolhei o clamor de vosso povo, Senhor Deus, e sob a proteção de São José, vosso escolhido, ajudai-nos a viver na concórdia e na paz. Por Cristo, nosso Senhor.

Cantando: Vós, esposo preclaro, amantíssimo pai, dos cristãos firme amparo, este canto aceitai.
São José, a vós nosso amor, sede o nosso bom protetor. Aumentai o nosso fervor.

– Pai nosso, que estais nos céus...
– Ave, Maria, cheia de graça...
– Glória ao Pai...

5. Oração a São José
D.: Ó bem-aventurado São José, guiai nossa vida no caminho de Cristo e fazei-nos cada vez mais fiéis ao Evangelho, e, servindo com alegria, também sejamos perseverantes no amor. Fortalecei os jovens na alegria, no abraço à vida e a seus dons, a fim de que possam assumir o futuro com determinação e esperança. Tornai-os fortes no amor do Senhor e transbordantes do vigor divino, para fazerem a Igreja muito viva e presente. Amém.
D.: Rogai por nós, ó São José, esposo de Maria,
– para que sejamos dignos das promessas de Cristo. Amém.

6. Bênção e Envio
D.: O Senhor nos guie no caminho da paz.
– Amém.
D.: Vivamos com fervor nossa fé em Cristo, Senhor.
– Amém.
D.: Guiai a Juventude no caminho da vida e da esperança,
– e que os jovens sejam alegria e a novidade da Igreja.

D.: Maria e José, sede parceiros da Juventude e ajudai-a na vida digna.
– O Senhor há de cuidar hoje e sempre da Juventude e de nossas Famílias.
D.: O Senhor esteja perto de nós como nosso grande amigo. Esteja a nossa frente para nos proteger, esteja a nosso lado para nos guardar, esteja em nosso coração para nos fazer felizes. O Senhor nos abençoe:
– Em nome do Pai † e do Filho e do Espírito Santo. Amém.
D.: Com Maria e José, o Senhor nos guie nos caminhos da vida e na certeza de sua paz. Vamos em paz e o Senhor nos acompanhe.
– Amém! Assim seja! Amém!

Cantando: José, por um decreto de Deus, o Criador, desposastes, discreto, a Mãe do Salvador.
São José, a vós nosso amor, sede o nosso bom protetor. Aumentai o nosso fervor.

9

Os Sacerdotes e as vocações

O Senhor distribui seus dons conforme lhe apraz. Também convoca, para o serviço santo de seu Reino, aqueles que espera responderem a seu chamado. No dia em que Jesus se reuniu com os Apóstolos e instituiu a Eucaristia, também instituiu o sacerdócio ministerial, semelhante ao dele, para a edificação do povo de Deus e da Igreja inteira. O sacerdócio é serviço do Reino, e jamais será para distinção ou promoção social.

1. Caminhando com o Senhor
Antífona: Se vos amais uns aos outros, terá o mundo certeza de que sois discípulos meus.

D.: Em nome do Pai † e do Filho e do Espírito Santo.
– Amém.
D.: Rogai por nós, ó São José e Santa Mãe de Deus,
– para cumprirmos em nossa vida a vontade divina.
D.: Vossa paz transborde em nós e se espalhe pelo mundo,
– e se acabem as tristezas e amarguras.
D.: É sempre belo e edificante o chamado divino,

– pois o Senhor manifesta sua confiança em nós, humanos.
D.: Quanto podem favorecer a presença do Reino entre nós
– os que respondem com generosidade ao chamado de Deus.
D.: Dai-nos a consciência e a coragem de responder fielmente, como Maria e José,
– a vosso chamado, a vossa vontade, a vosso querer. Amém.

Cantando: Vinde, alegres cantemos, a Deus demos louvor.
A um Pai exaltemos sempre com mais fervor.
São José, a vós nosso amor, sede o nosso bom protetor.
Aumentai o nosso fervor.

Antífona: Se eu, vosso Mestre e Senhor, vossos pés hoje lavei, lavai os pés uns aos outros: eis a lição que vos deis.
– Amém!

2. Salmodiando a Vida
D.: Senhor, que chamais para vosso serviço a quem vós desejais,
tornai humildes vossos servidores,
para servirem com generosidade aos mais necessitados.
Fazei nascer de novo a Igreja samaritana capaz de pôr nos ombros
– o peso do irmão e carregá-lo para dentro da vida!
D.: Dai sabedoria evangélica àqueles
que precisam orientar vosso povo no caminho do bem,
que tenham dedicação generosa
e estejam dispostos até mesmo a dar a vida.

– **Dai-nos força, Senhor, para vivermos com alegria o mistério de vossa Igreja, sacramento de vosso Reino! Amém!**

Cantando: São José triunfante vai a glória gozar. E para sempre reinante no Senhor repousar.
São José, a vós nosso amor, sede o nosso bom protetor. Aumentai o nosso fervor.

3. Escutando o Senhor
"Se eu, o Mestre e Senhor, lavei-vos os pés, também deveis lavar-vos os pés uns aos outros. Dei-vos o exemplo para que, como eu vos fiz, também vós o façais" (Jo 13,14).

(Se oportuno, fazer uma pequena reflexão a partir da Palavra de Deus.)

4. Litania de São José
D.: Elevemos ao Pai de bondade, por intercessão de São José, nosso clamor, confiantes em sua misericórdia.
– São José, esposo de Maria, **intercedei por nós.**
– São José, servidor do Senhor, **intercedei por nós.**
– São José, cuidador do Filho de Deus, **intercedei por nós.**
– São José, protegei nossas Famílias, **intercedei por nós.**
– São José, guardai a juventude, **intercedei por nós.**
– São José, defendei as crianças, **intercedei por nós.**
– São José, cuidai dos sacerdotes, **intercedei por nós.**
– São José, livrai-os dos perigos, **intercedei por nós.**
– São José, fortalecei-os no amor, **intercedei por nós.**
– São José, fazei-os firmes na esperança, **intercedei por nós.**

D.: Ó Deus, nosso Pai, contando com vossa graça benfazeja, colocamos em vosso colo paterno a súplica que fizemos cheios de confiança em vós, que sois nosso Deus, e viveis e reinais para sempre.

Cantando: Vós, esposo preclaro, amantíssimo pai, dos cristãos firme amparo, este canto aceitai.
São José, a vós nosso amor, sede o nosso bom protetor. Aumentai o nosso fervor.

– Pai nosso, que estais nos céus...
– Ave, Maria, cheia de graça...
– Glória ao Pai...

5. Oração a São José
D.: Ó bem-aventurado São José, vós que cuidastes com tanto amor de Jesus, o Filho de Deus, nascido de Maria, olhai com bondade para os sacerdotes, ajudai-os na vivência sacerdotal e inspirai-os na ação missionária. Animai-os na atenção para com o povo e iluminai-os nos sentimentos e nas adversidades que possam ter e encontrar. Vós fostes sacerdote, ao estar ao lado de Jesus, guardando-o e protegendo-o com firmeza e distinção. Por Cristo, nosso Senhor.
D.: Rogai por nós, ó São José, esposo de Maria,
– **Para que sejamos dignos das promessas de Cristo. Amém.**

6. Bênção e Envio
D.: O Senhor nos conceda sua bênção.
– **Amém.**

D.: Inspire nossas ações e atitudes favoráveis a seu Reino.
– Amém.
D.: Guardai, Senhor Deus, vossos escolhidos no serviço de vosso povo.
– Fortalecei-os na esperança, para que tenham sempre atitudes de bons samaritanos.
D.: Maria e José, que cuidastes de Jesus, cuidai dos sacerdotes e dai-lhes a paz.
– Protegidos por vós sejam alegres na esperança e vigorosos na fé.
D.: O Senhor esteja perto de nós como nosso grande amigo. Esteja a nossa frente para nos proteger, esteja a nosso lado para nos guardar, esteja em nosso coração para nos fazer felizes. O Senhor nos abençoe:
– Em nome do Pai † e do Filho e do Espírito Santo. Amém.
D.: Com Maria e José, o Senhor nos guie nos caminhos da vida e na certeza de sua paz. Vamos em paz e o Senhor nos acompanhe.
– Amém! Assim seja! Amém!

Cantando: José, por um decreto de Deus, o Criador, desposastes, discreto, a Mãe do Salvador.
São José, a vós nosso amor, sede o nosso bom protetor. Aumentai o nosso fervor.

10

Os Meios de Comunicação

Coisa bela e indispensável é a comunicação entre os seres humanos, pois aí há encontro e há abraço fecundo pela causa que se quer batalhar. Somos, em nossos dias, uma "aldeia global", pois não existe mais o longe, nem limites ou barreiras. Se há meios quase perfeitos, é-nos preciso maturidade para usá-los e construir de verdade a vida e a paz.

1. Caminhando com o Senhor
Antífona: Ó Cristo, vós sois a comunicação completa e eterna do amor salvífico do Pai para com a humanidade.

D.: Em nome do Pai † e do Filho e do Espírito Santo.
– **Amém.**
D.: Rogai por nós, ó São José e Santa Mãe de Deus,
– **para cumprirmos em nossa vida a vontade divina.**
D.: Ó Senhor, força eterna de amor e comunhão,
– **fazei-nos melhores em nossa comunicação.**
D.: Bendita seja a comunicação entre o céu e terra,
– pois é Jesus a comunicação e comunhão eterna.
D.: Favorecei, ó Senhor, nossa comunicação,
– **de pessoa a pessoa,**

D.: como vós mesmo fizestes com Maria e José,
– convocando-os para tão nobre missão. Amém.

Cantando: Vinde, alegres cantemos, a Deus demos louvor. A um Pai exaltemos sempre com mais fervor.
São José, a vós nosso amor, sede o nosso bom protetor. Aumentai o nosso fervor.

Antífona: Por primeiro, o Pai se comunicou com nossa humanidade, ao nos criar a sua imagem e semelhança.
– Amém!

2. Salmodiando a Vida
D.: Senhor, vosso amor é tão sereno como o orvalho da manhã, faz-nos extasiar e até flutuar, como a folha seca ao sabor do vento. Seu amor nos envolve, nos conduz e nos seduz.
– Vosso amor é comunicação, é comunhão, é vida!
D.: Como a folha seca, vós chegastes de mansinho,
sem ninguém saber
que vosso amor se tornou Pessoa,
em Jesus, vosso Filho,
nascido no silêncio da noite, em Belém.
– Vós sois a comunicação perfeita, pois nos falais de pessoa a pessoa. Amém!

Cantando: São José triunfante vai a glória gozar. E para sempre reinante no Senhor repousar.
São José, a vós nosso amor, sede o nosso bom protetor. Aumentai o nosso fervor.

3. Escutando o Senhor

"Se alguém está em Cristo, é uma nova criatura; as coisas antigas passaram, e surgiram novas. E tudo isso vem de Deus, que nos reconciliou consigo por meio de Cristo" (2Cor 5,17-18).

(Se oportuno, fazer uma pequena reflexão a partir da Palavra de Deus.)

4. Litania de São José

D.: Senhor Deus, que, de muitos modos, nos comunicastes a vida, por intercessão de São José, escutai nossa súplica.
– São José, esposo de Maria, **intercedei por nós.**
– São José, cuidador do Filho de Deus, **intercedei por nós.**
– São José, protetor da Igreja, **intercedei por nós.**
– São José, inspirai nossa comunicação, **intercedei por nós.**
– São José, fazei-nos viver na comunhão, **intercedei por nós.**
– São José, guardai as pessoas, **intercedei por nós.**
– São José, fortalecei os comunicadores, **intercedei por nós.**
– São José, guardai as crianças, **intercedei por nós.**
– São José, iluminai os jovens, **intercedei por nós.**
– São José, protegei as famílias, **intercedei por nós.**

D.: Esperamos, Senhor Deus, alcançar vosso auxílio e vossa proteção, pois sem vós nada podemos realizar. Inspirai os Meios de Comunicação para que sejam fiéis aos valores do Evangelho. Por Cristo, nosso Senhor.

Cantando: Vós, esposo preclaro, amantíssimo pai, dos cristãos firme amparo, este canto aceitai.

São José, a vós nosso amor, sede o nosso bom protetor. Aumentai o nosso fervor.

– Pai nosso, que estais nos céus...
– Ave, Maria, cheia de graça...
– Glória ao Pai...

5. Oração a São José
D.: Ó bem-aventurado São José, vós que compreendestes o mistério da vinda de Cristo para o meio de nossa humanidade, a perfeita Comunicação entre o céu e a terra, fazei-nos comunicadores dos valores do Evangelho no meio do mundo, tantas vezes dilacerado pela discórdia, divisão e indiferença na comunicação entre as pessoas. Dai-nos, pois, resgatar a confiança mútua entre nós, por meio da acolhida e da fraternidade. Por Cristo, nosso Senhor.
D.: Rogai por nós, ó São José, esposo de Maria,
– para que sejamos dignos das promessas de Cristo. Amém.

6. Bênção e Envio
D.: O Senhor faça reinar a paz no mundo.
– Amém.
D.: Abençoai os Meios de Comunicação para que cumpram sua missão.
– Amém.
D.: Fazei com que os Meios de Comunicação defendam e promovam a vida e a união
– e rompam as barreiras da discórdia e divisão.

D.: Maria e José, vós que fostes, por primeiro, acolhedores da Comunicação do Pai, que é Jesus,
– não nos deixeis perecer por falta de amor.
D.: O Senhor esteja perto de nós como nosso grande amigo. Esteja a nossa frente para nos proteger, esteja a nosso lado para nos guardar, esteja em nosso coração para nos fazer felizes. O Senhor nos abençoe:
– Em nome do Pai † e do Filho e do Espírito Santo. Amém.
D.: Com Maria e José, o Senhor nos guie nos caminhos da vida e na certeza de sua paz. Vamos em paz e o Senhor nos acompanhe.
– Amém! Assim seja! Amém!

Cantando: José, por um decreto de Deus, o Criador, desposastes, discreto, a Mãe do Salvador.
São José, a vós nosso amor, sede o nosso bom protetor. Aumentai o nosso fervor.